BEI GRIN MACHT SICH IHR WISSEN BEZAHLT

AF140761

- Wir veröffentlichen Ihre Hausarbeit,
  Bachelor- und Masterarbeit

- Ihr eigenes eBook und Buch -
  weltweit in allen wichtigen Shops

- Verdienen Sie an jedem Verkauf

Jetzt bei www.GRIN.com hochladen und kostenlos publizieren

Bibliografische Information der Deutschen Nationalbibliothek:

Die Deutsche Bibliothek verzeichnet diese Publikation in der Deutschen National-bibliografie; detaillierte bibliografische Daten sind im Internet über http://dnb.d-nb.de/ abrufbar.

Impressum:

Copyright © 2014 GRIN Verlag, Open Publishing GmbH
Druck und Bindung: Books on Demand GmbH, Norderstedt Germany
ISBN: 9783668427068

Dieses Buch bei GRIN:

http://www.grin.com/de/e-book/344671/geschichte-der-spanischen-sprache-von-den-anfaengen-bis-zum-ende-des-mittelalters

Erika Wießner

Geschichte der spanischen Sprache von den Anfängen bis zum Ende des Mittelalters

GRIN Verlag

Die Geschichte der spanischen Sprache

Inhalt

1. Vom Vulgärlatein zu den romanischen Sprachen

Sprachfamilien:
- es gibt wenig Dokumente aus dem 18.Jh
- Verwandtschaftsbeziehungen sind aufgrund der heutigen Sprachen festgestellt worden (Vergleich von Wortschatz, Grammatik, etc.)
- Cavalli-Sforza versuchte Parallelen zwischen der sprachlichen und genetischen Verwandtschaft festzustellen - Ergebnis: es gibt Übereinstimmungen

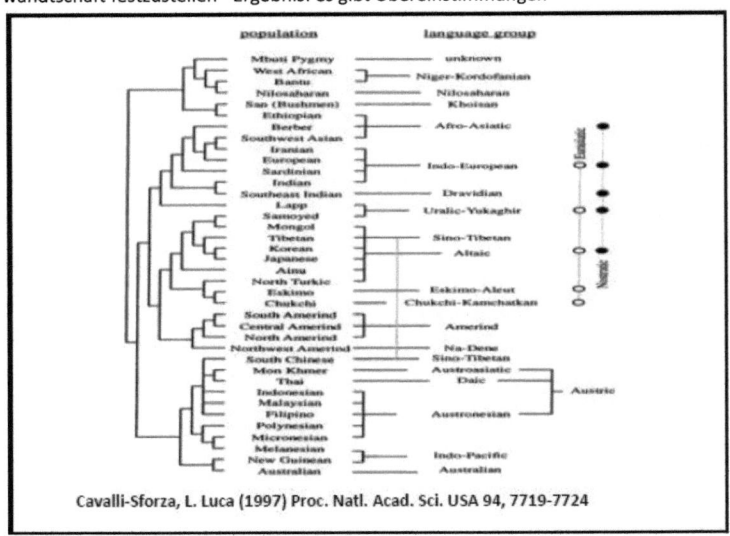

Cavalli-Sforza, L. Luca (1997) Proc. Natl. Acad. Sci. USA 94, 7719-7724

Indo-europäische/Indo-germanische Sprachfamilie:
- 18. Jh.: Feststellung der Ähnlichkeit verschiedener Sprachen im Wortschatz

	Sanskrit	Greek	Latin	Old English	Old Church Slavic
'one'	ēkaḥ	(heis)	ūnus	ān	edinĭ
'two'	dvau	duō	duo	twā	dŭva
'three'	trayaḥ	treis	trēs	þrīe	trĭje
'that'	tad	to	(is-) tud	þæt	to
'father'	pitā	patēr	pater	fæder	(otĭcŭ)
'foot'	pad-	pod-	ped-	fot	(noga)
'blood, gore'	krūra-	kreas	cruor [k-]	hrēaw	krŭvĭ

(As in the earlier Romance example, some languages display non-cognate words for particular lexical items. These are put in parentheses. The parenthesized is- of Lat. istud is an added element that originally reinforced the demonstrative force of tud.)

Hock/Joseph (1996: 39)

- man muss viele Formen betrachten um Ähnlichkeiten festzustellen und Zufälle auszuschließen
- dazu notwendig: Vergleich des Grundwortschatzes unter Kenntnis der Lautwandelprozesse

Englisch	*month*
Deutsch	*Monat*
Walisisch	*mis*
Französ.	*mois*
Latein	*mensis*
Russisch	*myesyats*
Litauisch	*menuo*
Albanisch	*muaj*
Griechisch	*minas*
Farsi	*máh*
Hindi	*mahina*

Abb.:Hock/Joseph (1996)

- August Schleicher (19.Jh.) forschte nach einer Ursprache: Vermutung nicht bestätigt
- viele Sprachen/Dialekte sind heute vom Aussterben bedroht
- parallel entstehen neue Sprachen
- die Sprachen differenzieren sich mit der Zeit (> langsame Veränderung)
- laut Schleicher: keine Entstehung neuer Sprachen

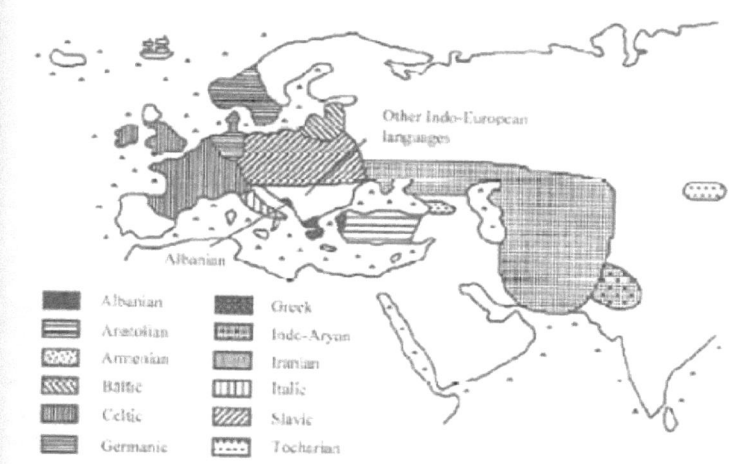

Map 1. Approximate geographical distribution of Indo-European languages (ca 1000 B.C.)

Hock/Joseph (1996: 43

- zur Karte: Verteilung der indo-europäischen Sprache 1000 v. Chr.
  - --> Latein und Keltisch keine große Verbreitung
  - --> Germanisch gewinnt an Bedeutung

3

Die Romanisierung:

Die romanischen Sprachen in Europa

Vgl. Encyclopedia Britanica Inc. 1996

- 3./4. Jh: Aufstieg des römischen Reiches
- frühe Romanisierung der iberischen Halbinsel
- ROMANIA SUBMERSA (England, Teile Deutschlands, Balkan, Rumänisch)
  --> Gebiete, die zu bestimmter Zeit romanisiert waren, aber durch Migrationsbedingungen, politische Veränderungen etc. untergingen

Aufstieg des Lateinischen:
- Archäologische Funde zeigen: Einwanderung nach Italien, später Zuwanderung der Etrusker
- Griechenland stieg als politische Macht auf
- 750 v.Chr. Gründung Roms
- Expansion Roms begann in Italien

-->   Konflikte der Römer mit den Kelten
- 400 v. Chr. Ansiedlung der Kelten in Po-Ebene
- 387 v. Chr.: Niederlage Römer gegen Kelten
  -->   Eroberung Mittel- und Süditalien
  -->   Konflikt Rom und Karthago (Punische Kriege)um Vorherrschaft im Mittelmeer
  --> Sieg der Römer über alle Kriege, allerdings mit großen Verlusten
- 2./3. Jh. Romanisierung von Teilen Italiens
- 168 Entstehung Dalmatisch
- 3. Punischer Krieg endet mit Zerstörung Karthagos
- das restliche Gallien wird erobert
- 29-19 v. Chr.: Rom gegen Karthager
- 19 v.Chr.: Eroberung Süd- und Nordspanien
- Schlacht im Teuteburger Wald endet in Varusschlacht
- Eroberung Britannien: Romania submersa (Latein verschwand)
  (Vgl. Dietrich & Geckeler, 2007)

Periodisierung des Lateinischen:

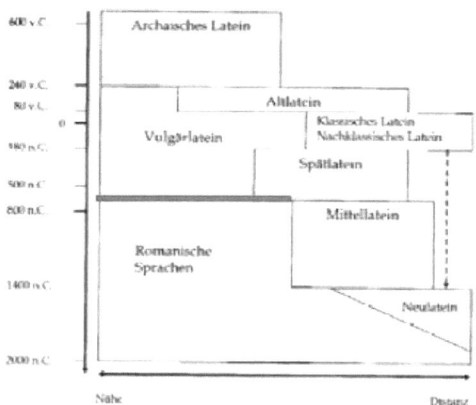

Müller-Lancé (2004: 69)

- Epoche des Vulgärlatein sehr lang, aber wenig schriftliche Zeugnisse
- Epoche des klassischen Latein sehr kurz, aber sehr viele schriftliche Zeugnisse
- Grenzlinie Vulgärlatein und romanische Sprachen:
  --> keine zeitliche Grenze
  --> Sprachwandel
  --> Grenze aufgrund der Metasprache
  --> wenn man sich nicht mehr versteht

5

2. Das Vulgärlatein

- Gesprochenes Latein, bis 19. Vor Chr. In Romania / Südspanien erst 200 Jahre später in Nordspanien
- Vulgärlatein im Norden der iber. Halbinsel nicht attraktiv

Merkmale und Quellen des Vulgärlateins:

- Vulgärlatein weicht völlig ab vom klassischen Latein
- Quellen von christlichen Autoren (im 4. Jhd. Geschrieben)
- Literatur in dem gesprochenes Latein imitiert wurde: Fachtexte über Architektur, Tiermedizin
- Inschriften (Graffiti von Pompei)
- Grabmäler, Anklagen (oft von Volk)
  (Vgl. Dietrich & Geckeler, 2007)

Entstehung der romanischen Sprachen

- Römisches Reich zeichnet sich durch seine Gesetzestexte aus, diese beinhalten sowohl romanische Sprachen als auch Vulgärlatein
- Urkunden, Vorträge
- Formeln, Muster, Geschichtsschreibung
- Privatbriefe – Cicero
- Soldatenbriefe
  (Vgl. Dietrich & Geckeler, 2007)

Entlehnungen

- Elemente, die in anderen Sprachen Eingang gefunden haben
  → Lautstand übernommen (z.B. Keller, Kiste velare Aussprache)
  → Palatalisierung erst nach Zeit der Völkerwanderung

  (Vgl. Dietrich & Geckeler, 2007)

Schriftsprachliche Dokumente

- Metasprachliche Kommentare -> Sprechen über die Sprache
- Kommentare in Grammatiken z.B. apendix probi
- Glossen (auch metasprachliche Phänomene; Übersetzungen)
- Glossen übersetzen klassisches Latein in sprechsprachliches Latein
- Reichenauer Glossen 8. Jhd. Bodensee
- Störfaktor für rom. Sprachen -> Sprachkontakt, Koexistenz des Lateinischen, 1 Lexem mehrere Bedeutungswandlungen

- Aus romanischen Sprachen kommt die Rekonstruierung des Vulgärlatein

(Vgl. Dietrich & Geckeler, 2007)

Sprachliches Merkmal Vulgärlatein
- Bedeutungsunterschied ob kurzer oder langer Vokal (os kurz ausgesprochen bedeutet Knochen, os lang ausgesprochen bedeutet Mund)
- Quantitätenkollaps 4/5. Jhd. Nach Chr. (s. Folie)
- Monotonisierung ae-> e aetatum -> edad
- Wegfall von t's am Ende
- E vor St estrella – escolar -> prothetisches e
- Komplexe Morphologie wird vereinfacht durch viel Sprachkontakt, ähnlich wir bei Kreolsprachen
- Neutrum schwach (Einteilung in m/f)

Die Ausdifferenzierung der romanischen Sprachen
- Kommunikationssituation -> Veränderung der Sprache
- Innovationen werden übernommen, wenn attraktiv
- Sprechergruppen -> Familie, Dorf, Stadt
- Isoglossen = Sprach/ Varietätengrenzen, Grenzen für sprachliche Merkmale noch schwach ausgeprägt

→ Intensität und Dauer der Romanisierung:
   Zentral vs. Randromania (Folie)
→ Rumänisch und Spanisch teilen Merkmale, da sie Randpositionen haben (siehe Rohlfs 1971)

Substrate und Romanisierung der vorrömischen Besiedlung
- Vorrömische Zeit läuft bis zur westgotischen Belagerung
- 3. Abb. Karte der vorrömischen Besiedlung
- Völker kannten Schrift und produzierten sie auch
- Durch Archäologie kennt man die Besiedelung
- Die Dame von Entxe (Abb.)
- Iberer seit 1000 vor Chr. ,,bezeugt''
- Stammen wahrscheinlich aus Nordafrika
- Besiedlung zuerst im Südosten der IH
- Hinterließen Schriftzeugnisse
  - Tafeln 4./5. Jhd. Vor Chr.
  - Schrift entstammt dem phönizischen Alphabet
  - ,, Bronce de Alcoy''
  - Sprache ist aber noch nicht dekodiert
- Katessmen (?) auch seit 1000 v. Chr. Bezeugt, siedelten im Süden

Basken/Baskisch

- Sprachinsel
- Verbreitungsgebiet im Mittelalter und vorrömischer Zeit war sehr groß
  → Süd- Westfrankreich
  → Nordspanien
- Kommt aus dem Kaukasus (Annahme)
  → Belege durch genetische Analysen (Blutgruppe/ y- Chromosom)

Vgl. Rohlfs 1971

Merkmal des Baskischen

Kasussystem

- Ume- a erodia
- Kind- def. Abs. Sg. Fallen, pf. 3.ps.sg.Morphemglosse (Das Kind ist hingefallen)
- Emakume – ak gizon- a ikusi du: Frau – def. Erg. Sg., Mann – def.abs. sg. Sehen. Pf. 3.ps (,, Die Frau hat den Mann gesehen")
- Einflüsse des Baskischen: ,,e" vor Konsonanten ,,r", Aspiration des ,,f" (umstritten), lexikalische Einflüsse (,,pizarra" Tafel)

Vgl. Rohlfs 1971

Keltischer Einfluss auf der iberischen Halbinsel

- 1000 v. Chr. 1. Einwaderungswelle
- Durchmischung von Kulturen
- 500. V. Chr. 2. Einwanderungswelle
- Breiteten sich in Europa aus
- Palatalisierung von K und T geht auf keltischen Einfluss zurück

Die griechische Koloniolisierung

- Ab dem 6. Jhd. V. Chr.
- Griechische Monumente an d. Mittelmeerküste
- Katarg. Seemacht
- Punische Kriege: Römer konnten Fuß fassen auf der ICH
- Uterior/ Citerior
- 133 v. Chr. Römer gewinnen den 2. Krieg gegen die Kelten
- Folie: 3 Verwaltungsgebiete der Beticer lusitania, Baeticer Tarraconense

Westgotische und arabische Herrschaft auf der IH

- 19 v. Chr. Größte Ausbreitung der Römer
- Weshalb es zur Völkerwanderung kam ist nicht ganz geklärt
- Wanderten von Norden nach Süden
- Migrationsbewegung nach Italien, später nach Spanien

- Westgoten hatten früh Kontakt zu Römern
- Sprachlicher Kontakt dauerte Jahrhunderte an
- Westgoten früh christianisiert
- Westgoten wurden durch Franken verdrängt
- Westgotische Hauptstadt auf der IH (in Toledo)
- Westgoten waren arianischen Glaubens, als sie also auf die Römer trafen existierte ein Parallelgesellschaft
- Heiraten zwischen Westgoten und christlichen Römern war verboten
- Westgoten stark romanisiert (ca. 20000 Westgoten)
- Westgoten gaben schnell germanische Srache auf
- Keine Schriftzeugnisse von Westgoten
- Wieso war das westgotische Reich so wichtig für das Spanische?
  - Politische Einheit auf der iberischen Halbinsel, eigene Kultur, eigene sprachl. Entwicklung
  - Loslösung von den Römern
  - Ab dem 7. Jhd. Niedergang des westgotischen Reichs
  - 710 stirbt Westgotenkönig
  - Kranz aus dem Westgotenreich (Bild)
  - Das Westgotische = Superstratsprache lagerte sich erst über das romanische, wurde dann aber aufgegeben
  - Westgotische Onomastik: Alvaro, Fernando, Rodrigo, Elvira, Gonzalo
  - Westgoten treffen auf lateinische Varietäten
- Besatzung durch Araber, kamen in der Zeit der politischen Schwäche der IH
- Mohammed 570 n. Chr. Geboren, stirbt 632
- Kurz nach M. beginnt die Verbreitung des Islams
- 711 erreichen Araber die iberische Halbinsel
- 716 iberische Halbinsel komplett besetzt mit Arabern
- IH stark arabisiert
- 732 Araber in Südwestfrankreich geschlagen
- Hochzeit der Kultur im 10. Jhd., danach splitten der Teilgebiete
- 722 beginnt Wiedereroberung
- Klärung Substrat / Superstrat
- Karte, die die Ausbreitung des Islams zeigt
- Dominante, arabische, politische Oberschicht
- Mittelschicht aus Christen und Juden (mozaraber)
- Unterschicht (Kleinhändler, Bauern, schwach arabisiert)
- Schulsystem , auf Koran wurde gelehrt
- Antike Wissensgegenstände
- Verloren gegangenes Wissen durch Araber wiederbelebt (Medizin, etc.)
- Arabische Ziffern verdrängten römische Ziffern, die Null kommt z.B. aus dem Arabischen
- Termini des romanisch- arabischen Kontakts (s. BB ?)
- Baladies (?), Mudéjares, Moriscos, Mozárabes, Muladies
- Aljamiado bezeichnet literarische Texte in romanischer Sprache, wurde später auf Dachböden in Häusern gefunden
- Sprachlicher Einfluss der Araber sehr groß

- z.B. im Bereich der Toponymie (Städtebezeichnungen -> La Mancha, Benicasim, Algarve, ... ;
- Landirtschaft -> Arroz (Reis), Azucar (Zucker), Aceituna (Olive)
- Viele arabische Begriffe wurden durch lateinische ersetzt (Berufe und Ämter-> alfarero (Töpfer), Albanil (Maurer), Alférez; Haus und Hof -> Aldea (Dorf), Taza (Tasse)
- Adjektive Suffix –i (jabalí, iraelí, marroquí, iraní, iraquí)
- Olé (bei Gott), ojalá
- Fachtermini: alcohol, alquimia, algebra

Vgl. Dietrich & Geckeler, 2007

* *wichtige Begriffe*

Muladies:konvertierte Christen zum Islam
Mudejares: die während der Reconquista in den wiedereroberten Gebieten verbliebenen islamischen Mauren
Moriscos:die nach dem Ende der Reconquista in Spanien verbliebenen Mauren, die nach dem vergeblichen Versuch der Hispanisierung und wirklichen Christianisierung vertrieben wurden (1609-1614)
conversos:zum Christentum gezwungene Juden
mozarabes: nicht convertierte Christen unter maurischer Herrschaft, die arab. Lebensstil angenommen haben nicht Glauben

Substratsprache: Einwohner nehmen die Sprache des Eroberungsvolkes an, die Sprache der Einheimischen hat zwar Einfluss auf die der Eroberer, wird jedoch aufgegeben (S. 139)
Superstratsprache: Sprache der Eroberer legt sich auf die einheimische Sprache, wird jedoch von der alteingesessenen Bevölkerung nicht angenommen, sondern mit der Zeit von den Eroberern selbst aufgegeben (*Geckeler*, S. 140)
Adstratsprache: zwei Sprachen die sich gegenseitig beeinfluss, es kommt jedoch zu keinem Dominanzverhältnis (*Geckeler*, S. 140)

3. Einflüsse des Arabischen

Vgl. Dietrich & Geckeler, 2007

- Claque: semantische Entlehnung
- Lexeme sind meisten Polyseme: mehrere Bedeutung
- Poridat: Reinheit, Intimität (aus dem lateinischen)
- Hidalgo < Nutznießer von Gütern (aus dem Arabischen)
- Reichlich arabischer Einfluss in den romanischen Sprachen
- Al (arabischer Artikel, wird aber Teil eines Wortes)
- Auf der IH arabischer Einfluss anders als im Rest Europas

<u>Syntaktischer Einfluss</u>

- Wiederaufnahme des Relativpronomens im RS
  - ➔ La sombra que tu quieres saber su altura (früher)
  - ➔ La sombra cuya altura tu quieres saber (heute)
- Vor Reconquista werden Varietäten gesprochen
- Daraus entwickelten sich die romanischen Sprachen
- Die Varietäten gehen auf Besiedlung der Römer zurück
- Mozarabisch: Sprache die unter arabischer Herrschaft gesprochen wurde

- Vom Norden geht die Reconquista aus bis hin nach Katalonien
- Es gibt arabisch des Korans, der Schriftsprache, Hochsprache und der Volkssprache

Evidenz von Zweisprachigkeit

- Gesprochenes Arabisch <-> klassisches Arabisch
  → Beides Varietäten, unterscheiden sich deutlich voneinander, das Lateinische
    nimmt unter arabischer Herrschaft ab
    s. Tabelle im BB

Quellen des Mozarabischen

- Gebiete wurden bewusst wiederbesiedelt
- Eine Varietät, die nicht mehr erhalten ist
- Woher kommen ,,Mozarabismen"?
- Z.B. aus dem Süden mitgebracht Nachnamen
- In arabischer Literatur der Botanik gibt es oft volkstümliche Bezeichnungen
- Jarchas: Gedichte auf arabisch über Alltagsthemen, z.b. Liebe

Charakteristika des Mozarabischen

- Diphtongierung: xierra (sierra)
- Lateral statt frikativ: conelyo vs conejo
- Kein Verlust von anlautenden j- oder g-: -jenáir (cf. Enero), yenexta (hiniesto)
- Keine Palatalisierung von Konsonant: plorar vs. Llorar *(s. BB)*

Mozarabische Jarchas

Muwassahas und jarchas (11. – 12. Jhd.)

  → Teile von arabisch verfassten Gedichten
- Moriscos: Zwangskonvertierten (Anfang des 17. Jhd. Vertrieben)

Verschriftung und Verschiftlichung des Altspanischen

- Rom. Sprachen wurden anfangs erst gar nicht verschriftlicht
- Def. Verschriftlichung: Umsetzung einer gesprochenen Sprache ins schriftliche
  Medium
- Frühe Schriften keine Alphabetschriften, sondern Phoneme (decken sich nicht)
- Idiogramme: wenn abstrakte Dinge bildlich festgehalten werden (z.b. Tag, Nacht
  durch Sonne oder Mond)
- Pictogramme: ägyptische Hyroglyphen -> lautliche Verschriftlichung
- Westgotische Schriftsprache (taucht auch auf IH auf , später abgelöst durch ..?

Sprachlatein vs. Schriftlatein (Diagramm)

- Republik (507 – 31 v. Chr.), Kaiserreich (31 v. – 47 n. Chr.), Merowinger (481 -751),
  Karolinger (751- 987) -> *s. BB*

4. Die Entwicklung vom mittelalterlichem zum modernen Spanisch (Dietrich/Geckeler S. 168-171)

–Altspanisch und Neuspanisch sind sehr ähnlich
–die Sprachwandelprozesse, die das Altspanische zum Neuspanischen werden ließen, vollzogen sich im Siglo de Oro (16./17. Jh.)
–die wichtigsten Unterschiede:

–

Phonischer Bereich:

–Vokalismus von früher bis heute sehr stabil
–im Konsonantismus: „revolución fonética/fonológica"
–Umgestaltung bei den Frikativen und Affrikativen
–Lautwandel bei den Silbanten:
–im mittelalterlichen Spanisch existieren drei silbantische Phonempaare mit dem unterschied „stimmhaft/stimmlos"

–Phonem	/s/	-	/z/	/ts/	-	/dz/	/?/	-	/z/
–Graphische	s-,-s		-s-	c		z	x		g
–Wiedergabe	-ss-			c					j

–

–Altspn.	señor	casa	cielo	fazer	baxo	muger
–Bsp.	tres		braco			fijo

–
–Affrikative /ts/ und /dz/ verloren ihr Okklusives Element und wurden zu Frikativen
–bei der gesammten Korrelation ist der Unterschied zwischen stimmhaft/stimmlos zugunsten der stimmlosen Phoneme aufgegeben worden ? ENTSONORISIERUN

–vom Altkastilischen dehnte sich die typisch kastilische Lautentwicklung /f/ ? /h/ ? ¢ und setzte sich schließlich durch
–Zusammenfall der folgenden altspanischen Oppositionen

–lat.: p/b ? spn.: b
–lat.: v ? spn.: v
Grammatischer Bereich:

–Verbum:
–Selektion bei bestimmten Verbalformen, Varianten wurden eliminiert
–? porné > pondré
–bei den Endungen der 2.Pl des Imperfekts
–? amávades > amavais
–die noch analytischen Futur- und Konditionalformen des Altspanischen wurden zu synthetischen
–? engañar me ha > engañaráme
–die Verbalformen mit der Endung -ra verloren ihre ursprüngliche Funktion des

Plusquamperfekts Indikativ – Ersetzung durch analytische Formen vom Typ „había cantado"
- und nahmen über die Zwischenstufe Plusquamperfekt Konjunktiv schließlich die Funktion
Konjunktiv Imperfekt – in Konkurrenz zu den Formen auf -se an
–in dieser Epoche bildete sich die moderne Abgrenzung zwischen haber und tener und ser
und estar heraus
–haber wurde zum einzigen Hilfsverb bei den zusammengesetzten Zeiten im Aktiv und
eliminierte damit seinen spanischen Konkurrenten ser
–Pronomina:
–Veränderung bei den Anredepronomina: Abwertung von vos; zu tú kam als
Höflichkeitsform vuestra merced > usted hinzu
–verstärkte Verwendung des Leísmo
–an die Stelle von nos und vos traten nosotros, -as und vosotros, -as; vos in Objektfunktion
wurde zu os
–in der Kombination des Dativpronomens le mit einem Akkusativpronomen in der 3. Pers.
wurde ge > se lo
-zum Pronomen quien wurde die Pluralform quienes gebildet

Weitere Veränderungen:

–Herausbildung eines synthetischen Superlativs auf ísmo, -a unter lateinischem und
italienischem Einfluss
–Ausweitung des Gebrauchs des sog. Präpositionalen Akkusativs mit a bei als
handlungsfähigen gesehenen persönlichen oder personifizierten Objekten
–Einschränkung des Gebrauchs des bestimmten Artikels el bei femininen Substantiven mit
vokalischem Anlaut ? el espalda > la espada
–Verwendung von femininem el nur noch vor betontem a: el alma

5. „Auto de los reyes magos"
Vgl. Dietrich & Geckeler, 2007

–Matthäus-Evangelium
–147 Verse
–12. Jh. -ältestes Theaterstück in kastilischem Spanisch
–in Kathedrale von Toledo gefunden
–eigentlich zum mündlichen Vortrag gedacht

6. Historische Grammatiken (n. Penny, Lloyd, Lathrop)
-   Das Altspanische Verbalsystem (Tabellen s. BB)
-   Man kann Zeiten wiedererkennen, man sieht Parallelen zu früher
-   Vorzeitigkeit schwindet im modernen Spanisch im Gegensatz zum Lateinischen
    Bsp.: Si vos uiesse Cid Sanas e sin mal, todo serie alegre (Cid)
              Si los non escuchassen non fizieron
    ➔ Keine Vorzeitigkeit, Konjunktiv, hypothetischer Sachverhalt

Pretérito anterior

- Vorvergangenheit entspricht im Altspanischen dem Plusquamperfekt -> unmittelbar vorausgehende Handlungen in der Vergangenheit

El futuro de subjuntivo

- Heute einfacher Konjuntiv Präsens wo früher futuro de subjuntivo
- Häufig in Gesetzestexten (heute)
- Articulo 138: „ El que matare a otro sera..."

Die Entstehung des zusammengesetzten Perfekts

- Tener (Vollverb) wird kombiniert mit einem direkten Objekt
  - ➔ Lo tengo muy oído (Lo = direktes Objekt, tengo= Vollverb)
- Direktes Objekt mit Partizip Perfekt verbunden
  - ➔ Tengo estudiadas veinte lecciones (Nominalphrase)
- Konstruktion möglich bei transitiven Verben (braucht ein direktes Objekt)

El perfecto compuesto

- Kann auch benutzt werden mit transitiven Verben (llegar, ir), also Verben die kein direktes Objekt brauchen
  - ➔ Prozess der Grammatikalisierung
- Kongruenz mit dem direkten Objekt
  - ➔ Tierras de Borriana todas conquistas las ha. (tierras bezieht sich auf conquistas, leitet sich aus dem lateinischen ab
- Es wird sowohl das Hilfsverb ser un haber verwendet
- Son legados (früher) -> han llegado (heute)
- Verba deponentia (passive Form, aktive Bedeutung)
- Vereinfachung des Verbalsystems

Futur

- Auch hier Grammatikalisierungsprozesse
- Unterschied analytisch und synthetische Futurform
- Futurform basiert häufig auf habére
- Häufig beziehen sich Versprechen, Verpflichtungen, obligatorische Sachverhalte auf die Zukunft (hier kann meistens nur ein menschliches Subjekt auftauchen)
- Formal handelt es sich eher um analytische Futurform (im Altspanischen) heute synthetisches (verschmolzenes) Futur

Konditional

- Verläuft parallel zum Futur (Entwicklung)
- Versprechen oder Verpflichtung in der Vergangenheit
- Langsame Verschmelzung -> Pronomina zw. Hilfsverb und Infinitiv

Los diez mandamientos

- Verpflichtungen (du sollst nicht töten, etc.)
- S. BB

Vokalalternanz

- Asp. Levar   mod. Span. Llevar
- In der Morphologie unregelmäßige Verbformen sehr ungünstig
- Spannungsverhältnis zw. Morphologie und Phonologie
- Viele heutige Verben zeigen altes Lautsystem
- Unterschiedliche Betonung führt zu Vokalalternanz

Ser

Esse -> sum, es, est, sumus, estis, sunt

Ser -> soy, eres, es, somos, sois, son

Ire, itum

Präsens: Lat. /altsp.

eo/ vo,

is/ vas,

it/ va,

imus/ imos,

itis/ ides,

eunt/ van   → morphologisches Phänomen: Suppletion

7. Alfonso X el Sabio y el „castellano drecho" Regierungszeit (1252-1284)

Vgl. Dietrich & Geckeler, 2007

- Alfonso hat die repoblación (= Wiedereroberung der Gebiete) vorangetrieben
- Auftraggeber von Übersetzungen
- Übersetzerschule/-büro von Toledo
    o Toledo wurde im 11. Jh. Zurückerobert
    o wurde von Erzbischof Raimundo de Salvetat gegründet
    o unter Alfonso ihren Höhepunkt
- Übersetzungen aus Arabischem
- Christliche gelehrte mussten diese zunächst ins Lateinische übertragen
- Alfons trägt zum Ausbau des Kastilischen als Wissenschaftssprache bei

Übersetzungen
- Calila e Divina
- Libros de Astonomía

- Lapidario (Enzyklopädie der Steine/Mineralien)

Kompilationen durch Alfonso (Auswahl)
- Zusammenstellung von verschiedenen Texten aus verschiedenen Jahrhunderten
- El libro de Ajedrez
- Grando e General Estoria (Universalgeschichte)
- Estoria de Espanna
- Tablas Astronómicas Alfonsíes
- Fuero real
- Siete Partidas > beides Rechtstexte, teilweise aus römischem Recht

Aus dem Prolog des Lapidario
- Verfasser: 1 Weiser Abolays
- Rechtfertigung der Übersetzung:
  o Abolays suchte Bücher um Wissen zu bewahren, er fand dann darin das, was er übersetzte
- Übersetzungsprozess
  o in Toledo gab es einen Juden, der das Buch versteckt hatte
  o er las dies seinem Arzt vor, erfuhr so von dem großen Nutzen des Buches, beauftragte eine Übersetzung ins Kastilische
  o Priester, der auch Kenner der Astronomie war, half bei der Übersetzung

„De la piedra que huye la leche"
- Inhalt: Lehre der 4 Körpersäfte des Menschen
- Beschreibung der physischen Eigenschaften mit Lehre der Astronomie

Prolog der General Estoria
- Alfonso war bei der Zusammenstellung der Texte und bei der Überwachung dabei
- „el rey faze un libro" -> König hat das Buch gemacht, nicht geschrieben
- Beispiel für Kennzeichen des Altspanischen:
  o mas = aber, más = mehr (> lat. magis, vgl. frz. mais = aber)
  o pero (> spätlat.: per hoc = daher, im negativen Kontext = daher)

„drecho"
- man sprach von „derecho" = das richtige Kastilisch
- besser aber: klares Kastilisch
- da Alfonso sehr viel Wert auf eine gut verständliche, hochwertige und der Wissenschaft angemessene Sprache wert lag

Ausbau und Überdachung
- „status planning": Wahl einer Standartvarietät (mdl. Alltagssprache)
- „corpus planning": Kodifizierung und Elaboration einer Standartvarietät (Ausbau, Veränderung)
  o Extensiver Ausbau (dringt in bestimmte Bereiche vor, in denen es vorher nicht zu Hause war)

- o Intensiver Ausbau (Lexeme, Fachsprache schaffen, die in Alltagssprache keine Rolle spielen, Arabismen)
- Überdachung = eine Varietät in Distanz- und Nähesprache
  - o in Alltagssprache: aragonesisch
  - o in Schriftsprache: kastilisch

Überdachung (Kloss 1978)

Überdachung (Kloss 1978)

Castellano drecho und die kastilische Koiné

- Koiné (gr: κοινοS διαλεκτοS = „gemeinsame Sprechweise"), „Einheitssprache", „deregionalisierte Verkehrssprache"
- Vereinheitlichung durch territoriale Ausweitung

Konventionalisierung und Vereinheitlichung der Graphie

Konventionalisierung und
Vereinheitlichung der Graphie

- <nn> und <ñ> (vorher auch <in> <gn> <ingn>...
- <ll> (vorher auch <li>, <il>, <lg>, <gl>
- <x> (vorher auch <sc>, <isc>, <sz>).
- <ch> (vorher auch <g>, <gg> <x> <cc>, <jg>, <ig>, <gl>

Vgl. Dietrich & Geckeler

- Vermeidung von Synonymenpaaren
- Stattdessen: Bedeutungsdifferenzierung
- Bsp.: sañudo e irado (Fernán Gonzalez) = nun „wütend" und „böswillig"

Cantigas de Santa Maria

Cantigas de Santa Maria
http://www.pbm.com/~lindahl/cantigas/

**Santa Maria, Strela do dia, 100 -
Esta é de loor.**

Santa Maria,
Strela do dia,
mostra-nos via
pera Deus e nos guia.
Ca veer faze-los errados
que perder foran per pecados
entender de que mui culpados
son; mais per ti son perdõados
da ousadia
que lles fazia
fazer folia
mais que non deveria.
Santa Maria...

- von Alfonso, in gallego

Der Herbst des Mittelalters (vgl. Huizinga, 1919)
- Umbrüche
- wirtschaftliche Krisen
- gesellschaftliche Spannungen
- kastilisch festigt sich
- Reyes Católicos: Vereinigung von Arragon und Kastilien
- extreme Expansion hinaus über Iberische Halbinsel
- düstere Epoche: convivencia endet, Verfolgung der Muslime
- 1492: el Nuevo Mundo, Juden werden aus Kastilien vertrieben
- danach Zwangskonvertierung der Mauren: muriscos

Antonio de Nebrija (1441-1522)
- erste kastilische Grammatik
- bekannt für seine lateinische Grammatik, später 2-sprachige Ausgabe (lat.-cast./cast.-lat.)
- Arbeit als Lexikograph
- Ziel: den Menschen Latein näher zubringen und für die Frauen einen Zugang zu schaffen

Sprachliche Veränderungen des 15. Jhds.
- vos, vos > nosotros, vosotros
- Durchsetzung von os gegenüber vos
- la mi casa (Art.+Possesiva+Subst.) verschwindet
- ibi > y -> voy, doy, soy setzt sich durch

8. Literatur

Cavalli-Sforza (1997): *La Scienza della Felicità. Ragioni e Valori della nostra Vita.* Mondadori, Mailand 1997.

Dietrich, Wolf & Geckeler, Horst (2007): Einführung in die spanische Sprachwissenschaft. Grundlagen der Romanistik. Ein Lehr- und Arbeitsbuch. 5., durchgesehene Auflage. Erich Schmidt Verlag.

Hock, Hans Heinrich und Joseph, Brian D. (1996): Language history, language change and language relationship: an introduction to historical and comparative linguistics. Berlin: Mouton de Gruyter.

Huizinga, Johan (1919): Herbst des Mittelalters: Studien über Lebens- und Geistesformen des 14. und 15. Jahrhunderts. Kröner Verlag.

Müller- Lancé, Johannes(2004): "Originalität vs. Fremdbestimmung: Graphievarianten in französischen und spanischen Chats". In: Müller, Markus; Klaeger, Sabine (Hrsg.): *Medien und kollektive Identitätsbildung. Ergebnisse des 3. Franko-Romanisten-Kongresses (26.09. bis 29.09.2002 in Aachen).* Wien: Edition Präsens (Beihefte zu *Quo vadis, Romania?* Bd. 16), 196-213.

Müller- Lancé, Johannes (2004): "Latein als Zielsprache im Rahmen mehrsprachigkeitsdidaktischer Konzepte". In: Klein, Horst; Rutke, Dorothea (Hrsg.): *Neuere Forschungen zur europäischen Interkomprehension.* Aachen: Shaker (Editiones EuroCom, Bd. 21), 83-94.

Müller- Lancé, Johannes (2004): "Mehrsprachigkeit in der Regionalpresse: das Elsass und Katalonien". In: Hammer, Françoise; Lüger, Heinz-Helmut (Hrsg.): *Entwicklungen und Innovationen in der Regionalpresse.* Koblenz/Landau: Knecht (Landauer Schriften zur Kommunikations- und Kulturwissenschaft 7). 285-307.

Rohlfs, Gerhard (1952): An den Quellen der romanischen Sprachen. Vermischte Beiträge zur romanischen Sprachgeschichte und Volkskunde. Niemeyer Verlag.

Rohlfs, Gerhard (1971):*Romanische Sprachgeographie: Geschichte und Grundlagen, Aspekte und Probleme mit dem Versuch eines Sprachatlas der romanischen Sprachen.* C. H. Beck, München 1971.